PRÉCIS

SUR

LA CRITIQUE HISTORIQUE

PRÉCIS

SUR LA

CRITIQUE HISTORIQUE

PAR

ALEXANDRE HAHN

MEMBRE CORRESPONDANT DE L'INSTITUT HISTORIQUE DE FRANCE
ET D'AUTRES SOCIÉTÉS SAVANTES.

« Il faut de la vertu à un historien pour
» sentir la vérité et oser la dire. »
(J.-J. ROUSSEAU.)

SAINT-GERMAIN-EN-LAYE

IMPRIMERIE DE L. TOINON ET CIE, RUE DE PARIS, 80.

1861

PRÉCIS

SUR

LA CRITIQUE HISTORIQUE

« Tant il est difficile de détruire ce que la
» précipitation, l'ignorance et le défaut de vue
» dans les anciens, qu'on veut nous donner
» pour infaillibles, ont mis de mal dans les
» premiers établissements. »

(SULLY, *Mémoires*.)

Vivant isolé à la campagne, confiné dans une localité où les ressources manquent sous plus d'un rapport, je me délasse d'un travail par un autre, et me retrempe dans l'occupation agréable de l'étude, de l'attention fatiguée par la préoccupation sérieuse des affaires. L'étude est, on le sait, la consolation dans les tribulations, le ressort qui remonte l'âme abattue par le terre-à-terre de l'existence, le charme, en un mot, de la vie. J'avouerai même que souvent je me repose de la réalité du présent par le souvenir du passé comme par le rêve de l'avenir. Alors apparaît l'*histoire*, qui peut être regardée sous divers aspects, et, comme un paysage, offre à chaque point de vue des aspects différents.

En lisant naguère les hérésies panthéistiques de M. Geoffroy-Saint-Hilaire, père, je pensais aux hérésies historiques, et je me demandais : Les faits qu'on rapporte, les paroles qu'on rappelle, sont-ils toujours d'une authenticité incontestable?—Ami dévoué de l'histoire, mais non ami imprudent,

> Rien n'est si dangereux qu'un ignorant ami;
> Mieux vaudrait un sage ennemi.

a dit le fabuliste, je n'applaudis pas de confiance à tout ce qui se dit, je n'aime point me traîner à la remorque et suivre machinalement les sentiers battus; je préfère courir à travers champs pour me retremper aux sources et y puiser l'intelligence ou exploiter les archives (ces catacombes de la science), pour reconnaître l'exactitude des faits : rectifiant ainsi les erreurs de l'histoire toute faite, en accroissant la masse de mes connaissances.

Je sais fort bien que, dans notre *far niente* intellectuel, nous aimons l'ouvrage fait; nous sommes aises qu'on ait travaillé pour nous; aussi avons-nous des cadres tracés, des types admis, qui ne sont pas seulement séculaires, mais traditionnels, et desquels nous ne devons nous départir sous peine de passer pour un novateur. Ne parlez point de recherches faites dans ces recueils poudreux où l'exactitude des faits dédommage de l'ennui des recherches, ne venez point surtout soulever des doutes ou modifier les notions reçues et acceptées, on se rebellera contre votre audace, ou tout au moins l'on dira naïvement comme Varillas, à qui l'on reprochait d'avoir altéré la vérité dans la narration d'un fait : « Cela se peut, mais qu'importe? le fait n'est-il pas mieux tel que je l'ai raconté ? » et l'on s'en tiendra au texte vulgaire. — C'est ce qui a fait dire de nos historiens, par un savant compétent (M. Augustin Thierry) : « S'imaginant que l'histoire était toute trouvée, ils s'en sont tenus pour le fond à ce qu'avait dit leur prédécesseur immédiat, cherchant seulement à le surpasser par l'éclat et la pureté du style. » Aussi peut-on ajouter que les écrivains se passaient l'histoire comme une monnaie qui leur tombait dans la main, sans se demander si elle était vraie ou fausse, commettant ainsi des méprises historiques, qui, répétées de siècle en siècle, ont fini par obtenir force de loi, et prévaloir contre les faits eux-mêmes. Nous ne parlons pas ici des personnes qui dénaturent à dessein les faits pour le besoin d'une cause, ou de ceux qui en inventent par esprit de parti pour les faire parler au gré de leurs illusions ou de leurs passions, comme Fréron à la Convention, lorsqu'au 12 germinal il s'écriait, pour faire comprendre Choudieu parmi les proscrits : « Hésiterez-vous à condamner ce monstre ? Sous le règne de la Terreur il a fait guillotiner sa mère ! » Et le décret fut voté immédiatement au milieu de l'indignation générale. Mais lorsque le soir un ami de Fréron lui demanda publiquement : Où as-tu pris le fait sur Choudieu ? on entendit cette réponse de Fréron : « Tu me demandes où j'ai pris le fait, je l'ai inventé ; ces j... f... ne voulaient point le frapper, il a bien fallu leur forcer la main. Je ne sais si Choudieu est bon ou mauvais fils, mais je sais qu'il fallait le chasser de la Convention. » — Que de Frérons dans le monde ! que Dieu nous préserve des Frérons !

D'un autre côté, il existe des lecteurs qui, habitués à la monnaie courante, ne sont difficiles ni sur le fond ni sur le style de l'histoire, pourvu qu'on satisfasse leur curiosité et qu'on flatte leur passion, sans leur demander même l'embarras de réfléchir ou de penser, ils n'en demandent pas davantage : l'histoire est pour eux un aliment ordinaire qu'ils consomment comme un mets tout préparé en disant : « L'histoire plaît toujours, de quelque manière qu'elle soit écrite. » Proposition exprimée dans l'antiquité, répétée, suivant l'usage, par différents échos dans les temps modernes, et qui n'en est pas plus vraie. — Il est d'autres personnes enfin qui rejettent tout et viennent dire : A quoi bon s'embarrasser de toutes les sottises qu'on a dites et faites avant nous ? C'est bien assez de souffrir celles qu'on entend et qu'on voit tous les jours. — Sans doute, les hommes sont les mêmes en tous les siècles, et ils ont tourné souvent dans un cercle vicieux ; mais on conviendra qu'il est utile et souvent nécessaire de savoir ce qui a été réellement, pour savoir *à priori* ce qui sera indubitablement. De là, nécessité d'avoir les pièces authentiques du procès avant de rendre, sinon son jugement, du moins de prendre qualité dans l'affaire.

En abordant les annales de l'humanité on ne rencontre que doutes, incertitudes, ténèbres,... de plus en plus opaques et profondes à mesure qu'on veut poursuivre les investigations. Dès l'origine, on se voit arrêté par la conjecture; le Père de l'histoire, Hérodote, voulant décrire la fin de Cyrus, nous dit naïvement : « On raconte diversement la

» mort de Cyrus; pour moi, je me suis borné à ce qui m'a » paru le plus vraisemblable. » Près de nous on constate l'invention des faits, on entend Vertot, à l'envoi des documents pour son histoire de Malte, dire avec bonhomie : « J'en suis fâché, mais mon siége est fait. » — Il est donc nécessaire d'apporter la lumière dans le chaos, et c'est l'œuvre de la critique moderne, qui n'a point craint de saper l'idolâtrie pour rétablir le vrai culte. Les sectaires ont jeté les hauts cris, on a même lancé l'anathème sur les novateurs; puis les plus calmes ont objecté qu'avec cette manière d'agir on détruisait beaucoup d'illusions, que déjà trop sont détruites, sans que l'histoire en soit plus certaine; en ajoutant comme Maury, lorsque la populace voulait l'attacher à la place d'un réverbère : « En verrez-vous plus clair? » Mais on peut répondre que depuis assez longtemps on a abusé de la *vérité relative*, en s'étayant sur des faits et des types de convention, pour établir tout un système moral et social; que les inductions qu'on en infère ensuite, sont des précédents avec lesquels on enchaîne l'essor de l'avenir, car, en disant que les ancêtres ont été soumis à tels principes, on conclut que les descendants doivent également s'y soumettre : la tradition l'exige. Or, si l'on parvient à démontrer qu'on opérait dans tous les temps, suivant l'extension des idées, et non suivant un système préconçu, on aura détruit un préjugé de plus, et l'on n'aura plus à opposer des *précédents*. Ainsi naît la nécessité d'interroger le passé pour reconnaître le caractère vrai des temps; et, en sachant bien ce qui *a été*, on appréciera ce qui *est*, et l'on verra si l'on suit la bonne voie : chacun ayant un égal intérêt à contourner les écueils comme à éviter les obstacles. Il est donc temps de revenir à la *vérité vraie* des choses. D'ailleurs l'intérêt que l'on porte actuellement à tous les faits soi-disant historiques, n'est que platonique, car, à notre degré de civilisation, et après toutes nos révolutions, il faut reconnaître qu'une méfiance des hommes et des choses a été jetée dans nos âmes ; que lorsqu'on a vu tant d'objets trompeurs, tant de promesses non réalisées,... tout est devenu déception ! Aussi il ne reste plus beaucoup de traditions anciennes pouvant servir d'exemples ; généralement on ne s'apitoie plus de confiance et il n'est plus de savant, aujourd'hui, qui s'aviserait de pleurer « sur ce pauvre Holopherne si méchamment mis à mort par Judith. » De ces types conventionnels il faut bien en revenir quand on aime à étudier les hommes et à les voir tels qu'ils sont : l'inflexible logique est là, on ne doit accepter pour vrai que ce qu'elle démontre être vrai ; on ne saurait s'accoutumer à encenser sans cesse ces statues symbolisées dont on voulait faire à jamais les idoles de l'avenir. Pourquoi ne pas faire pour l'histoire de l'homme ce qu'a fait le savant de Launoy, pour l'histoire de l'Église, lorsque par ses ouvrages, où l'érudition la plus variée est jointe à la critique la plus judicieuse, il fait justice de diverses traditions fausses acceptées jusqu'alors comme *vérités*, et étendant même ses recherches sur bon nombre de prétendus saints qui figurent, on ne sait pourquoi, dans le calendrier, insista sur les graves inconvénients qui résultent pour la religion de cet indigne abus des sentiments les plus respectables. On a prétendu avec une exagération assez plaisante, dit M. de Saint-Maurys, que de Launoy avait plus détrôné de saints que dix papes n'en avaient canonisé: et à ce propos on raconte que le curé de Saint-Eustache disait : « Quand je rencontre le docteur de Launoy, je le salue jusqu'à terre et ne lui parle que le chapeau à la main, avec bien de l'humilité, tant j'ai peur qu'il ne m'ôte mon saint Eustache, qui ne tient à rien. » — On connaît aussi sa réponse à M. le premier président de Lamoignon le priant de ne point faire de mal à saint Yvon, patron d'un des villages dont il était le seigneur : « Comment lui ferais-je du mal, je n'ai pas l'honneur de le connaître. »

Nous avons dejà dit ailleurs (*Mémoire sur les écoles historiques*) que l'histoire n'était anciennement qu'un stérile jeu de mémoire chronologique, et ne consistait qu'en la nomenclature des rois et la tradition des rites, cérémonies et faits spéciaux, le tout rédigé *par ordre*, depuis Assuérus qui, ne pouvant se reposer durant la nuit, se faisait lire les mémoires de son royaume, jusqu'à Louis XIV fondant sa petite académie, dont la grave occupation se bornait aux dessins des tapisseries du roi, aux inscriptions et aux médailles... — Qui ne se rappelle avoir vu et voit encore énoncé d'une manière brève, sous forme d'aphorismes ou d'axiomes mathématiques, ces erreurs qui pullulent dans nos histoires... — Pour que le faux puisse en quelque sorte pénétrer par tous les sens, a dit M. Augustin Thierry, souvent de nombreuses gravures travestissent pour les yeux, sous les costumes les plus bizarres, les principales scènes de l'histoire !... Qui ne se rappelle avoir vu pour la nôtre, en particulier, les Francs et les Gaulois se donnant la main en signe d'alliance ; le sacre de Clovis à Reims; Charlemagne couvert de fleurs de lis, présidant le parlement; Philippe-Auguste en armure d'acier du XVIe siècle posant sa couronne sur l'autel à la bataille de Bouvines ; saint Louis,... François Ier,... Louis XIV...

Nous ajouterons ici que ce qui a le plus nui non-seulement à l'exactitude des faits, mais à la vérité des appréciations des historiens, même les plus sincères (même Procope qui a deux fois écrit l'histoire, également vrai, s'il se peut, l'une dans les adorations de l'histoire publique, l'autre dans l'indignation de l'histoire secrète), c'est l'influence exercée sur eux par l'esprit de parti et l'esprit du temps : souvent tout dépend de la place qu'on occupe sur l'échelle des siècles. Les historiens les plus renommés de l'antiquité : Thucydide, Salluste, Tacite,... etc., n'en étaient pas exempts; les historiens modernes : Mézerai, Rollin, Voltaire, Velly,... etc., même nos contemporains, n'y ont point échappé. L'objet est un, mais la description change avec la position du narrateur, la vérité serait dans l'ensemble de toutes ces appréciations, dans la réunion de tous les dessins des élèves rangés en cercle autour d'un modèle, et qui tous ont esquissé un même sujet à des points de vue différents. Cela est si vrai qu'étant donné l'esprit dominant du siècle auquel appartient un auteur, on peut affirmer avec certitude quels seront ses jugements sur les hommes et sur les choses : « Ecris-moi chaque jours les vers qui te frappent dans ton poëte favori, a dit un sage, et je te ferai l'histoire de ton âme. »

L'esprit humain, à un moment donné, est le produit de tout ce qui reste de l'esprit des âges antérieurs, accumulé comme une terre végétale; mais les principes fécondants ne manifesteront leurs effets qu'autant que la culture aura lieu, et le produit sera en rapport des façons : encore faudra-t-il retirer les mauvaises herbes qui étouffent le bon grain. — Lire l'histoire est un art moderne; on a souvent passé sur la surface des textes, comme on marchait sur la surface des collines recélant Pompéi et Herculanum; puis un jour la bêche a ouvert le flanc de ces monticules, et les trésors cachés sont apparus au regard public.

On sait que, sous l'ancien régime, l'histoire de France était mise en commission; que les écrivains étaient à la merci d'un censeur timide et dépendant; qu'on punissait même le censeur et l'historien lorsqu'ils s'entendaient pour la publication de quelques vérités qui paraissaient dangereuses, et qu'on ne permit jamais qu'on mît au jour une histoire véridique des rois de France. « Ce n'est pas dans nos histoires, disait M. de Meilhan (à la fin du XVIIIe siècle), qu'on apprend à connaître les Français, mais dans un petit nombre de mémoires particuliers, et je maintiens que l'homme qui a lu attentivement Madame de Sévigné est plus instruit des mœurs du règne de Louis XIV et de la cour de ce monarque, que celui qui a lu cent volumes d'histoire de ce temps et même le célèbre ouvrage de Voltaire. » Or que n'aurait-il pas dit depuis les mémoires qui n'ont vu le jour que de notre temps, sans compter Saint-Simon à qui le roi reproche *de parler*, à qui madame de Maintenon reproche d'*avoir des vues*, lequel après avoir parlé, *écrit*, lequel après avoir des vues, les *consigne sur le papier*, et vient nous initier à toute cette époque? Or, sur les grands règnes, quand le masque tombe, le héros s'évanouit.

Mézerai, parmi les historiens de ces temps, est le seul, on le sait, qui ait osé dire quelques choses, et c'est par là que son histoire se distingue de la foule : il avait entrepris, comme il le dit, « de faire souvenir aux hommes des droits anciens et naturels, contre lesquels il n'y a point de prescription. » Mais on sait aussi que Colbert lui fit dire que le roi n'entendait pas que « ses historiographes se permissent de *réfléchir* sur la conduite de ses ancêtres. » C'est aussi Colbert qui gourmandait un certain intendant de ce qu'il avait convoqué les trois ordres, lui disant que les *Etats généraux* étaient *à jamais* détruits en France..... Comment avoir alors une histoire véridique ?... — D'ailleurs, on ne dit pas et on ne peut pas dire la vérité aux rois absolus ; les gouvernements de cette nature ne comportent que des généalogistes et des historiographes officiels, lesquels ont grand soin d'exagérer le principe qu'ils doivent soutenir, dans l'espoir de se faire un titre aux yeux des dispensateurs des places et des pensions, pour obtenir des sinécures et des gratifications. Fréret et Daniel qui essayèrent après Mézerai de faire entendre quelques vérités, ne le firent pas impunément. « L'histoire n'est possible, dit M. Henri

Martin, que chez les peuples libres, aussi ne date-elle positivement en France que de la Révolution. » Aussi il n'a fallu rien moins que l'effort de 1789 pour pouvoir publier librement les matériaux de l'histoire, pour pouvoir recourir aux sources et aux chroniques, pour pouvoir enfin faire connaître ce qui était demeuré inconnu... — Depuis lors, on ne peut plus se contenter de ces compilations, demi-roman, où l'on voit comme dans Velly, qui prétendait « présenter sous leur véritable jour l'état politique et social, les mœurs et les idées de chaque siècle, » substituer, par une exubérance de zèle, un type abstrait de dignité, d'héroïsme et de couleur, à la véritable représentation variée des personnages, des caractères et des époques ; ce qui a fait dire à M. Augustin Thierry : « Aucune figure de rois dessinée dans nos histoires modernes n'a ce qu'on appelle la vie. » En effet, on travestissait les Francs en seigneurs de la régence, et l'on faisait agir ou parler les leudes du chef franc comme les raffinés de la cour galante de Louis XV...

« L'histoire nationale, a dit M. Augustin Thierry, est pour tous les hommes du même pays, une sorte de propriété commune : c'est une portion de patrimoine moral que chaque génération qui disparaît lègue à celle qui la remplace ; aucune ne doit la transmettre telle qu'elle l'a reçue, mais toutes ont pour devoir d'y ajouter quelque chose en certitude et en clarté. » Aussi depuis lors, la critique historique a rendu les esprits plus exigeants et la science des faits a pris la place de la science *à priori*. Il a surgi de toutes parts des savants ardents à la recherche de la vérité, cherchant à apporter leur pierre à la construction de l'édifice. De là, concours et émulation pour arriver à ce résultat : étude de ce qui a été réellement; désir de retrouver l'esprit, la couleur, la physionomie originale de chaque époque... La lassitude de toutes les falsifications systématiques de l'histoire ramène à la véritable histoire. Les intelligences sont possédées du besoin de se relever virilement, pour se mettre dans la voie droite et sûre que doit parcourir l'esprit humain : le temps de minorité est écoulé! — Encourageons cette navigation au long cours dans les régions inconnues du réel; saluons ces Argonautes qui viennent de franchir à pleine voile les colonnes d'Hercule de la répression et qui voient poindre devant eux les îles fortunées de la vérité.

« Il y a en ce temps-ci, a dit un des maîtres de la critique (M. Sainte-Beuve), un grand et puissant mouvement dans tous les sens. Notre XIXe siècle, à la différence du XVIIIe, n'est pas dogmatique, il semble éviter de se prononcer, il n'est pas pressé de conclure... » En effet, il se borne à rechercher avec ardeur la vérité *vraie*, pour répudier énergiquement les altérations antérieures, sans idées préconçues; aussi la méthode expérimentale a prévalu dans les sciences historiques comme dans les sciences naturelles. On reprend avec passion l'étude du *passé*, et on y apporte une disposition nouvelle, féconde et puissante; on l'étudie, dirons-nous, non plus dans un but intéressé, pour y chercher la justification de telle ou telle doctrine, pour y trouver, comme au siècle dernier, des arguments ou des axiomes au profit de telle ou telle cause; mais, au contraire, sans parti pris et sans arrière-pensée, pour arriver à la certitude humaine : *au criterium de l'histoire.* On veut connaître l'humanité avec ses religions, ses mœurs, ses institutions, ses coutumes ; la suivre dans sa marche, pour savoir comment de station en station, d'étape en étape, elle est arrivée à la civilisation actuelle, qui est un progrès sur celles antérieures. En effet, malgré les désordres des lois humaines, la loi divine a toujours agi, et la nature a toujours été en travail de perfectionnement; or, comme tout progresse, puisque tout nous crie : ... En avant!... l'homme, son agent éternel, ne peut rétrograder lorsqu'elle avance...

Ainsi notre époque est une époque critique, l'époque des efforts individuels, où tous les drapeaux sont renversés, où tous les signes de ralliement n'existent plus, où la société est un immense fractionnement : les individus se ralliant seulement à ce criterium unique qui devient la résultante des idées diverses : l'amour et le service réel de l'humanité. On répète comme Aristote : « Je suis ami de Platon, je suis ami de Socrate, mais je suis plus ami de la vérité. »

Il y aurait témérité à vouloir embrasser dans les limites étroites de cette note, tous les éléments d'un sujet aussi vaste; de plus, pour accomplir une telle œuvre, il faudrait joindre à l'érudition d'un bénédictin le loisir dont jouissaient ces doctes cénobites... Ne pouvant entreprendre ainsi de retracer en détail le rôle que la critique historique joue pour la connaissance des annales humaines, nous allons nous borner à reconnaître quelques anneaux de la chaîne invisible qui unit les divers événements ; et pour ne pas encourir le reproche de l'Intimé, et par conséquent me voir dire par un juge Dandin :

> Avocat, ah ! passons au déluge,

je m'occuperai seulement, comme exemple, d'une simple appréciation sur quelques points de notre histoire même.

Tout est légendes aux premiers siècles ; cependant je n'irai pas refaire l'histoire, renverser la signification des mots, remettre en question les notions acquises depuis de nombreuses générations et dire comme le père Hardouin, lorsqu'on lui représentait qu'il aimait trop à s'écarter des idées reçues : « Croyez-vous donc que je me serais levé toute ma vie à trois heures du matin pour ne penser que comme les autres? » mais je dirai avec la critique historique, qu'il faut avoir égard aux connaissances acquises, ne plus suivre de confiance le sentier battu, ne pas répéter les phrases toutes faites que chacun accepte sans les discuter et qui servent d'opinion à ceux qui n'ont ou ne peuvent s'en former une.

Aux temps antiques on a créé les fictions ingénieuses de la fable :

> Là, pour nous enchanter, tout est mis en usage,
> Tout prend un corps, une âme, un esprit, un visage,
> Chaque vertu devient une divinité :
> Minerve est la prudence, et Vénus la beauté...

C'est ainsi que certains écrivains anciens, avec un respect excessif et maladroit, jaloux courtisans d'assurer à leur manière de voir la plus haute antiquité, ont été forger des filtions puisées aux sources reculées des temps mythologiques : telles sont les *Grandes Chroniques*, compilations qui devaient établir la couleur locale et pittoresque des origines de nos annales et qui ne sont qu'un amas d'absurdités. — Elles font descendre les Français des Troyens et Pharamond de Francus, fils de Hector ; ils « habitèrent dont longuement les Palus Mœotides, jusques au temps de l'empereur Valentinian. » — Depuis, d'autres documents, aussi suspects à juste titre, nous présentant encore Pharamond comme le premier roi conduisant les Francs saliens de la rive droite, sur la rive gauche du Rhin, le donnent comme fils d'un Marcomir, lui mentionnent deux fils, plus Clodion qui lui succède, le représentent enfin comme rédacteur de la loi salique... etc... Mais la critique historique vient de suite faire dissiper les ténèbres accumulées, comme les brouillards nocturnes qui s'évanouissent peu à peu aux rayons d'un soleil levant : Pharamond a-t-il jamais existé ? Les anciens gardent à son égard le silence le plus absolu, et Grégoire de Tours (notre premier historien) n'en parle pas davantage ; aussi le bon sens public, mieux éclairé par des travaux sérieux, abandonne son histoire à Le Ragois :

> En l'an 420, des Francs le premier roi,
> Pharamond, pour ses fils fit la salique loi.

et abandonne son portrait à la collection de l'utile almanach de Matthieu Laensberg.

Ainsi le premier anachronisme que nous trouvons en tête de nos annales, et par conséquent le premier doute qui surgit, réside dans leur titre même : *Histoire de France, depuis Pharamond jusqu'à nos jours.* Car si Pharamond n'a pas existé, ne pouvons-nous pas nous demander aussi : Où est le royaume de France? Clodion même n'a pas commandé sur un seul des départements de la France actuelle!... — De plus, comment veut-on qu'un Aquitain, qu'un Languedocien, qu'un Provençal, qu'un Bourguignon,... reconnaisse les Francs et accepte leur histoire comme celle de son pays, lorsque ses ancêtres traitaient avec eux de peuple à peuple, et que les héros du Nord étaient les fléaux du Midi... Ainsi la première absurdité est de donner pour base à une « histoire de France, » la seule histoire d'une peuplade franque; c'est mettre en oubli la mémoire du plus grand nombre de nos ancêtres, de ceux-là mêmes qui mériteraient peut-être à plus juste titre notre vénération filiale, car les Francs ne sont pas la seule tribu germanique qui soit venue joindre ses éléments étrangers à tant d'autres; nous serions plutôt « les fils des Romains par l'éducation, si nous n'avions été ravivés violemment par le mélange des barbares germains, » comme le dit si bien M. Henri Martin, et nous sommes surtout « les fils des Gaulois par la naissance et par le caractère. » — Nous pouvons donc dire avec raison que si nous tenons notre nom « de Français (1) » d'un peuple germain qui, tant qu'il demeura chez nous sans se mêler à nous, nous regarda comme Ro-

(1) Tous les historiens maintenant sont d'accord pour ne reconnaître notre qualification de Français qu'avec la troisième époque, où s'établit réellement le royaume de France.

mains; les Romains à leur tour, pendant qu'ils furent nos maîtres, nous appelèrent Gaulois; enfin les habitants mêmes de la Gaule, qui étaient une agglomération de peuples venus de tous les points, se sont-ils jamais donné le nom générique « de Gaulois » sous lequel nous les désignons?—Quoi qu'il en soit, Germains, Romains, Gaulois, et même autres barbares,... chacun nous a donné de son sang et de son esprit. Par la chair et par les penchants naturels, nous sommes surtout Gaulois; par l'éducation, nous sommes plutôt Romains; et comme l'éducation l'emporte sur la nature, le trait le plus saillant de notre histoire est l'emploi que nous avons fait, de siècle en siècle, de notre partie d'héritage qui nous vient des Romains.

Sous la première race, nous voyons des chefs de clans nomades arriver dans des pays civilisés où ils campent, pillent et dévastent, sans autres désirs que d'amasser beaucoup de richesses en monnaies, en bijoux, en meubles,... et sans autres idées que d'avoir de beaux vêtements, de beaux chevaux, de belles femmes,... et surtout de bons compagnons d'armes, bien déterminés, « gens de cœur et de ressources, » comme disent les chroniques.

Si nous passons de la chose au nom et surtout à ce titre de roi, dont on qualifie le chef franc, et dont la signification actuelle est si éloignée d'avec le même sens chez les Francs, il a fallu que tout le moyen âge s'écoule pour que la royauté, regardée comme une fonction publique et un titre personnel, devienne une propriété héréditaire, fille de la hiérarchie territoriale que le titulaire se fit tenir de Dieu, comme « l'oint du Seigneur. » C'est l'assemblée de 1328 qui, même peu nombreuse et incomplète, décida la grande question de l'hérédité en faisant application de la loi salique, par analogie, car nous en connaissons parfaitement le texte (peu applicable); et Chateaubriand même nous révèle que le doute existait encore à la fin du XVIe siècle, lors du règlement de préséance de 1576, que Christophe de Thou regarde comme la chose la plus utile qui se soit faite depuis Philippe de Valois pour la conservation de la loi salique. Enfin nous ajouterons que le partage au sort des richesses et des propriétés sous les chefs francs, ne doit pas être regardé comme un démembrement du corps social et de la chose publique, car si les enfants, par ces parts d'héritage, se trouvaient investis d'une prééminence naturelle sur les petits propriétaires et guerriers cantonnés autour de leurs domaines, ces parts étaient loin d'avoir le caractère d'être des royaumes (dans l'acception du mot moderne), et l'exercice du commandement nominal était la conséquence et non l'objet du partage. A part ce partage du domaine, il y avait la reconnaissance par la tribu, ce qui équivalait à l'élection.

Ici viennent les légendes sur Attila, différentes suivant leur lieu d'origine. Si elles naissent dans la Gaule et l'Italie, c'est le fléau de Dieu! Si elles procèdent sur les bords du Rhin et du Danube, c'est le héros des paladins!

Vérité en deçà, mensonge au delà.

L'histoire n'est ainsi souvent que la légende d'un parti

et ne déroule qu'un immense mensonge, si l'abondance des documents ne permettait aujourd'hui de contrôler les récits. Il faut, comme le Sicambre, brûler ce qu'on a adoré et adorer ce qu'on a brûlé; il faut souvent réhabiliter bien des victimes et répéter ce mot des religieux sur Enguerand de Marigny : « Il ne fut pas jugé, mais condamné par *une commission.* »

Si nous voulions entrer dans des détails, la confusion serait grande. Signalons seulement en passant la bataille si vivement disputée que Clovis livra aux Allemands, et que les historiens modernes, en se copiant les uns les autres, ont supposée être livrée à Tolbiac, malgré le silence des vieilles chroniques. Le vœu qu'il fit, en danger d'être vaincu, d'embrasser le christianisme, n'est qu'une supposition non justifiée par le récit de Grégoire de Tours, et, si le fait est vrai, on ne peut le regarder que comme une mise en scène arrêtée après coup par Clovis pour influencer ses Francs, sur lesquels il était loin d'avoir une autorité sans bornes. De plus, il n'a pu mettre le genou à terre et faire sa prière devant ses soldats, c'était exprimer une crainte incompatible avec son caractère et une déférence qui n'était pas dans les mœurs d'alors; ce n'était pas au surplus en montrant du désespoir et en jurant de renier les dieux de sa tribu, qu'il pouvait se flatter de ranimer le courage de ses compagnons, et de ramener parmi eux la confiance à la religion. Sans doute on ne peut nier la conversion du chef franc, mais on doit convenir qu'elle est due aux démarches du clergé orthodoxe et à l'appui qu'il en espérait, car il faut se rappeler que, sauf quelques milliers de Francs, les populations de la Gaule étaient chrétiennes; seulement l'Eglise était divisée en plusieurs sectes, et l'évêque de Rome qui voulait déjà faire prévaloir sa suprématie, ne pouvait manquer de s'adresser à Clovis et d'être écouté par lui qui visait à remplacer les Romains : sa conversion au catholicisme (1) le servait davantage en accélérant l'accomplissement de ses désirs. On sait qu'Atanase lui envoya les ornements de patrice et le décora des noms de consul et d'Auguste; que les orthodoxes érigèrent en miracles tous les faits de Clovis, qu'ils représentèrent « selon le cœur de Dieu. » — Il suffit de lire Grégoire pour s'édifier sur ses actions; là, nous le voyons ayant sacrifié tout à son ambition, dire un jour à ses fidèles, en parlant de sa famille qu'il avait lui-même fait périr : « Que je suis malheureux! » Me voilà réduit à l'état d'un voyageur au milieu d'une » nation étrangère; je n'ai pas un seul parent dont, en cas » de malheur, je puisse attendre du retour. » Ce n'est pas qu'il fût fâché de la mort de ses parents, ajoute le naïf chroniqueur, mais il parlait ainsi par ruse, pour engager ceux qui l'écoutaient à lui découvrir quelque parent dont il eût ignoré l'existence, afin de le faire tuer.

(1) La conversion ne fut pas tellement soudaine parmi les Francs qu'au VIIe siècle, sur les bords de l'Oise, de la Somme et de l'Aisne, le paganisme régnait encore dans les campagnes, séjour favori de la population franque : plusieurs personnages que l'Eglise révère y gagnèrent leur renom de sainteté. (A Luzarches, le 5 septembre 653, saint Eterne, évêque d'Evreux, est martyrisé.) Ne voit-on pas Grégoire Ier se plaindre à Brunehaut de ce que les Francs chrétiens « qui accourent aux églises, con- » tinuent cependant, chose abominable, à rendre un culte aux démons? »

Si Clovis, réagissant contre ses propres compagnons d'armes, détruisit l'un après l'autre les chefs des diverses tribus des Francs orientaux, et voulut dominer toute la confédération, après sa mort, le vieux parti divisa les tribus et alla jusqu'à s'ériger en État indépendant. Cette rivalité produisit les guerres civiles du VIIe siècle et se termina par le changement de race qui transporte la domination des Mérovingiens aux Carlovingiens.

Nous passerons sous silence la critique sur les fleurs de lis apportées par un ange, la dédicace de Saint-Denis par Jésus-Christ en personne, l'érection du royaume d'Ivetot par Clotaire Ier, la fondation de l'abbaye de Jumières, etc...

L'âpre séve de la première race s'affadit promptement, et les descendants de Clovis, corrompus à dessein et avec une sorte d'art par ceux qui s'étaient emparés de leur tutelle, tombèrent vite du pavois élevé par les guerriers, dans un fourgon traîné par des bœufs.

Traiter d'usurpation l'avénement de Pepin à la royauté, a dit Chateaubriand, c'est un de ces vieux mensonges historiques qui deviennent des vérités à force d'être redits. Il n'y a point d'usurpation là où la monarchie est élective ; on l'a déjà remarqué, c'est l'hérédité qui, dans ce cas, est une usurpation : « Pepin fut élu de l'avis et du consentement de » tous les Francs. » Ce sont les propres paroles du premier continuateur de Fredegher.

Je ne parlerai pas ici de cette prétendue dotation de Pepin, confirmée, comme on l'a souvent répété, par Charlemagne ; je ne dirai même qu'un mot de ce dernier, qui ne cherche qu'à accomplir ce que Théodoric n'a pu faire : la résurrection de l'empire romain. « Quoique Charle- » magne s'allie étroitement avec le clergé, a dit M. Guizot, » il s'en sert et n'en est point l'instrument. » Aux fêtes de Noël, il est à Rome, il joue l'étonné et s'afflige humblement de ce que le pape lui met la couronne sur la tête : hypocrisie qu'il dément bientôt en adoptant les titres et les cérémonies de la cour de Byzance. Pour rétablir l'empire, nous dit M. Michelet, il ne fallait plus qu'une chose, marier le vieux Charlemagne à la vieille Irène, qui régnait à Constantinople après avoir fait tuer son fils : c'était la pensée du pape mais non celle d'Irène, qui se garda bien de se donner un maître.

Malgré l'éclat dont l'environnait Charlemagne, l'empire des Francs semblait atteint d'une caducité précoce. Il y avait non-seulement des causes intérieures, mais aussi des causes extérieures; et bientôt apparut et s'ajouta cette mobile et fantastique image des peuples du Nord, qu'on avait trop tôt oubliée. Charlemagne sentait lui-même qu'il n'avait rien créé de stable, lorsque des barques scandinaves vinrent pirater jusque dans le port où il se trouvait. S'étant levé de table et mis, dit la chronique, à la fenêtre qui regardait l'orient, il demeura très-longtemps le visage inondé de larmes; comme personne n'osait l'interroger, il dit aux grands qui l'entouraient : « Savez-vous, mes fidèles, pour- » quoi je pleure amèrement? Certes, je ne crains pas qu'ils » me nuisent par ces méchantes pirateries; mais je m'afflige » profondément de ce que, moi vivant, ils ont été près de

» toucher ce rivage, et je suis tourmenté d'une violente » douleur, quand je prévois tout ce qu'ils feront de maux à » mes neveux et à leurs peuples. »

Charlemagne, disons-nous, avait rêvé le rétablissement de l'empire, il avait consacré tous ses efforts et toute sa puissance à la réalisation de cette pensée, qui ne put parvenir à lui survivre. Ses faibles successeurs perdent peu à peu l'ascendant comme chefs militaires : l'unité gouvernementale même disparaît par les fiefs. La souveraineté s'évanouit devant ce nouveau régime; sa domination sur l'ancienne Gaule n'avait pu opérer entre ses diverses parties une véritable union ; elle n'eut d'autres effets que de rapprocher, malgré elles, des populations étrangères de langues, de mœurs, de lois,... lesquelles se séparèrent violemment lorsque l'empire se démembra, et sous les derniers rois la féodalité ruina complétement le gouvernement royal. C'est alors que la répugnance mutuelle de ces races d'hommes associées, mais non fondues ensemble par la conquête, fit une sorte de triage de toutes les familles humaines que le flot des invasions avait jetées çà et là, au milieu de la Gaule. Déjà la bataille de Fontenay, en faisant tomber les pertes sur les anciens chefs francs qui se servaient encore de la langue germanique, laissait aux survivants la faculté de faire prévaloir les mœurs et la langue romanes ; les représentants de chacune des races formaient dans leur cantonnement ou portion du territoire, un centre de gravité duquel les minorités n'avaient pas toujours la possibilité de se soustraire. Alors l'élément national se manifesta, et dès Eudes, nommé en haine ou en opposition à la famille carlovingienne, on voit le vif sentiment de la Gaule contre la race germanique, qui se rattachait par les liens de famille et les souvenirs aux pays tudesques, et pouvait être regardée comme un obstacle à une existence indépendante. Ce ne fut donc pas par pur caprice, mais par instinct de conservation, que certains seigneurs, Francs d'origine, mais attachés au sol, reconnurent comme roi Hugues Capet, car l'intérêt du pays exigeait, pour dernière garantie, l'expulsion de la race de Charlemagne. C'est ainsi que par la critique historique on reconnaît que les faits, sans être formellement exprimés, n'en ont pas moins leurs significations, et que sans se rendre un compte exact des principes dominants, on est entraîné d'instinct vers un but sans pouvoir bien le définir. « L'histoire, dit M. Henri Martin, ne doit jamais se mettre en révolte contre l'action de la Providence. »

Il faut dire de cette royauté de Hugues Capet, ce qui a été dit de Pepin : il n'y eut point usurpation, puisqu'il y eut élection ; la légitimité etait un dogme inconnu alors. Mais en sa personne s'opéra une révolution importante, la monarchie devint héréditaire, le sacre usurpa le droit d'élection. Les six premiers rois firent sacrer leurs fils aînés de leur vivant, et en les associant ainsi au trône, ils remplaçaient l'élection politique par l'élection religieuse et établissaient le droit de primogéniture. Cependant le souvenir de l'élection se perpétuait dans une formule du sacre, lorsqu'on demandait au peuple présent s'il consentait à recevoir le nouveau souverain.

Le duché de France devint ainsi royaume de France ; le reste du pays forma des indépendances du royaume. Ce fut, suivant l'expression de Chateaubriand, une république aristocratique fédérative, reconnaissant un chef impuissant. Cette aristocratie était sans peuple : tout était serf ou esclave. Le servage n'avait pas encore englouti toute la servitude ; le bourgeois n'était pas né ; l'ouvrier et le marchand encore serfs appartenaient à des maîtres dans les dépendances des abbayes ou des seigneuries ;... de sorte que cette monarchie (aristocratique de droit et de nom) était de fait une démocratie, si l'on peut ainsi s'exprimer, puisque tous ses membres étaient égaux ou se croyaient l'être, et formaient à cette époque la véritable nation française. Là, nous retrouvons cette réponse du comte de Périgord : Qui t'a fait roi ? à la demande : Qui t'a fait comte ? Mot signifiant simplement qu'un comte était souverain à aussi bon titre qu'un roi...

Chercher à dérouler avec la méthode critique les faits de ces temps serait étendre les limites de notre simple appréciation : ces siècles de fer sont remplis de tant de désordres que tous les faits apportent avec eux leur doute. — Nous passerons donc sur l'établissement des communes attribué à tort à Louis le Gros, dont le seul mérite fut d'avoir secondé contre la féodalité (1) cette lutte que

(1) Voir ma notice : *Le siége de Luzarches.* — *Investigateur,* septembre 1859.

Philippe-Auguste continua et que Louis XI termina en partie, en faisant de la royauté un pouvoir médiateur et pondérateur (1). Nous passerons aussi sur le fait ironique de Louis X qui oblige tyranniquement ses serfs de s'affranchir, en déclarant, par un jeu de mots emphatique, que « dans le royaume des Francs, il ne peut y avoir de serfs. » Il en sera de même pour la guerre des Anglais, pour les guerres civiles,... cette longue Iliade du moyen âge, et nous arriverons à la renaissance, où la critique fait encore connaître tant de réputations surfaites pour les prédecesseurs comme pour les successeurs de François Ier, ce gros garçon qui devait « tout gâter, » ce roi de la parade qu'on s'obstine à représenter comme le restaurateur des lettres, qui ordonna la suppression de l'imprimerie, assista aux auto-da-fé de l'Estrapade, rendit des charges vénales, institua la loterie, ruina la France,... fut la cause du ravage de plusieurs provinces aigries par les supplices des querelles religieuses... et termina enfin sa carrière, jeune encore, par un trépas ignoble !... — Ces divers règnes furent des temps horribles et malheureux qu'on voudrait voir disparaître de nos annales ; temps couronnés par la Saint-Barthélemy, la Ligue et l'assassinat de Saint-Cloud ; temps où la critique

(1) Tout n'a pas été dit sur Louis XI. M. Augustin Hélie, sans se constituer son apologiste puisqu'il reconnaît en lui « beaucoup de perfidie, » beaucoup d'infamie... » fait ressortir la différence de sa conduite avec ses prédécesseurs et successeurs, et établissant, un parallèle entre lui et Louis XIV, il ajoute : « Louis XIV, ce grand roi, a fait répandre plus de » sang et d'une manière plus odieuse que Louis XI ; l'un fut entièrement » dévoué à la France, l'autre à sa personne, mais avec une pompeuse » dignité qui en imposa. »

a beaucoup à faire, où l'on admire fort l'intrépidité des panégyristes de ces époques, et où l'on se demande comment il est possible qu'ils maintiennent leurs fausses assertions en face des faits les mieux établis... — La critique n'épargnera pas même Henri IV, qui put tout se permettre sans péril, même la peine de mort pour des délits de chasse... ce roi que Voltaire, par sa *Henriade*, tira de l'oubli, injuste sans doute, mais réel, dans lequel on avait laissé tomber sa mémoire et dont il opéra la résurrection historique, mais non *vraie*, et sur lequel nous ne disons que ces mots...

Nous arrivons enfin au grand siècle, qui devient une véritable absorption de toute chose et de toute personne en Louis XIV, que l'on s'obstine à nommer le Grand, par suite de l'abus où l'on est de personnifier les temps par les hommes, et qui, loin d'être le directeur du siècle, n'en fut pas même l'imitateur, mais au contraire l'obstacle continuel, depuis le jour où jeune homme il entrait au parlement tout botté et la cravache à la main, jusqu'au jour où rachitique il signa, sous la tutelle de la veuve de Scarron, la révocation de l'édit de Nantes. N'a-t-on pas dit avec raison que Louis XIV a laissé dans le besoin la vieillesse de Corneille, n'a accordé qu'à de vives prières une sépulture à Molière, n'a rien fait pour Lafontaine, n'a distingué ni Pascal ni Labruyère, a disgracié Fénelon, a souffert que d'indignes intrigues arrêtassent le génie de Racine dans son plus brillant effort, a exilé des talents... Néanmoins on répète de confiance, tous les jours, que c'est à Louis XIV que l'on doit l'incomparable réunion d'écrivains qui ont illustré son temps !... Combien ne faut-il pas rabattre de ces éloges pompeux sur ce grand siècle? Le génie force quelquefois l'admiration des souverains, il ne procède jamais d'eux ; Lous XIV ne créa rien, il n'eut que la peine de naître. Il n'avait pas même le sentiment de l'art et du beau; et lorsque Colbert eut la première pensée d'un musée ouvert au public, qui s'y opposa, si ce ne fut Louis XIV ? Ce grand homme qui sacrifiait tout à sa vanité, qui, encensé par des flatteurs, disait : l'État, c'est moi, ne soutint que la médiocrité pompeuse de Lebrun et son école qui le peignait dans son apothéose en costume romain de convention, avec la perruque !... lorsque Poussin, Lesueur, Lorrain, Puget... s'expatriaient ou languissaient dans le délaissement. Ce grand homme n'avait des élans que pour des minuties, témoin son emportement contre Louvois pour une croisée mal placée à Trianon ; l'on sait que ce ministre, le cœur gonflé, dit à ses intimes : « Les petites choses l'occupent trop ; donnons lui de plus grandes occupations; faisons-lui faire la guerre. » Il tint parole, il alluma la guerre, et l'or de la France fut prodigué, et le sang du peuple coula !... pour... une fenêtre mal placée à Trianon !... — Ah ! si l'on voulait reconnaître souvent la cause vraie des événements, on verrait à combien peu tiennent les destinées des empires ! — On sait aussi quelle minime question d'amour-propre blessé de la favorite, et de susceptibilité poétique de l'abbé Bernis, furent les causes de la guerre désastreuse de 1756 et du traité honteux qui en fut la triste conséquence; une épigramme a dit :

> Six cent mille hommes égorgés,
> Monsieur l'abbé, de grâce ! c'est assez de victimes;
> Et les mépris d'un roi pour vos petites rimes
> Vous semblent-ils assez vengés ?

On sait encore, malgré les dénégations, que quand Henri IV mourut sous le couteau d'un exécrable assassin, il allait embraser l'Europe du feu d'une guerre effrayante, emporté par son amour pour la princesse de Condé !... Enfin on n'ignore point les causes futiles de certaines guerres, même au moyen âge, par exemple, le propos de Philippe sur Guillaume le Conquérant ;... et, si nous remontons plus haut dans l'histoire, les épisodes de la fille de Julien, en Espagne ; de Virginius, de Lucrèce, à Rome,... etc.... qui ont été la cause de catastrophes épouvantables...

Louis XIV, dirons-nous encore, sacrifia sur l'autel de sa personnalité, sa propre famille, ses légitimés,... tout, jusqu'à son jouet, cette caline petite duchesse de Bourgogne, qu'il force de le suivre à Fontainebleau, grosse et malade. Il répond au duc de La Rochefoucauld lui remontrant que s'étant déjà blessée, elle pourrait bien ne plus avoir d'enfants : « Eh ! quand cela serait, qu'est-ce que cela me » ferait ? Est-ce qu'elle n'a pas déjà un fils ? Et quand il » mourrait, est-ce que le duc de Berry n'est pas en âge de » se marier et d'en avoir ? Et que m'importe qui me suc- » cède des uns et des autres ? Ne sont-ils pas également mes » petits-enfants ? ... » Mais quelle leçon était donnée par la Providence à cette infatuation !... dans la perte de ses enfants, dans la survivance à lui-même, dans l'abandon à ses derniers moments, dans les insultes à son cadavre,... témoin ces épigrammes, en s'adressant à sa statue :

> Tyran de bronze, il fut toujours ainsi.

et, en s'adressant à ses restes :

> A Saint-Denis, comme à Versailles,
> Il est sans cœur comme sans entrailles.

Le soleil se couchait sous les nuées les plus horribles : il a passé ; sa race en a porté la peine. Comme Clovis et Charlemagne, sa puissance s'écroula avec lui : ses dernières volontés furent même méprisées. Enfin les faiblesses de Louis XV sont la conséquence rigoureuse de ses iniquités dominatrices, lesquelles provoquèrent une réaction formidable à l'étranger, comme à l'intérieur.

Arrivé à nos temps contemporains, la certitude n'est pas plus grande, la critique n'est pas épuisée... Cela me remet en mémoire ce fait arrivé à Raleigh lorsqu'il travaillait à son *Histoire du monde*. Il était alors en prison, rêvant à sa fenêtre, lorsque son attention fut attirée par un bruit qui se fit dans la cour ; il crut voir un individu passer son épée à travers le corps d'un homme qui venait de le frapper ;... or, il se trouva qu'il avait mal vu, et que rien de ce qu'il avait cru voir n'existait ; aussi, convaincu dès lors de la difficulté de rapporter des faits *vrais* et *exacts*, lorsqu'ils se sont *passés sous les yeux mêmes* du narrateur, il jeta au feu le manuscrit de son deuxième volume. — Nous répéterons donc que sur nos faits contemporains le doute surgit de toutes parts et le temps n'a pas encore dit son dernier mot : l'heure de l'histoire n'a pas encore sonné pour eux ; il faut se recueillir pour les juger avec calme et impartialité, même pour les raconter avec toute liberté de conscience et de conviction. D'ailleurs chaque siècle comprend à son point de vue les gloires comme les célébrités, et leur prêtent ses tendances et ses passions. Peu à peu il se grave dans la mémoire des hommes une image idéale, différente du modèle, et qui le remplace comme ces portraits de convention, reconnus de tout le monde, bien qu'ils conservent à peine un trait exact de l'original. Les contemporains ne voient pas d'un même œil que la postérité, ils sont plus sensibles aux défauts qu'aux qualités : il n'existe pas de grands hommes pour leurs valets de chambre. Heureux quand la justice commence à la mort : c'est une des premières restitutions que fait l'éternité :

> Si Dryden meurt de faim, on l'enterre avec pompe.

a dit avec raison Pope. — Mais le temps nous presse et la marche lente de nos digressions ne nous permet pas de poursuivre plus loin cette voie... il nous faut tourner court pour nous rapprocher de notre fin.

La vérité historique doit nous obliger à dire que si la principale source de l'histoire, les livres, ne sont pas toujours véridiques, les autres sources : monuments, médailles, statues,... ne le sont quelquefois pas plus. — Est-on certain de connaître les villes où naquirent Homère, Christophe Colomb,... etc. ?... — Est-on même certain de la maison où naquit Molière? — Est-on d'accord sur l'hôtel de Montbazon ou de Bethysi où fut assassiné Coligny, de la fenêtre d'où Charles IX tira avec sa carabine, du lieu où a été tué Goujon... etc.?... Il serait sans doute difficile de montrer la place du chêne historique que l'on montrait cependant naguère, et sous lequel saint Louis, au milieu de ses barons, rendait la justice à ses vassaux... — La médaille frappée en 1740, lors de la guerre entre l'Angleterre et l'Espagne, attestant la prise de Carthagène par l'amiral Vernon, lorsqu'il en levait le siége, était-elle la preuve du fait?... — La statue de l'augure Nævius, élevée non sans le caillou qu'il avait coupé avec un rasoir, prouvait-elle qu'il avait opéré ce miracle?... Sans parler de faits plus modernes et sans faire d'allusions, que de faussetés historiques même parmi les curiosités... etc...

La vanité doit être regardée comme la première source des altérations historiques. La fausse éloquence des écrivains comme l'esprit de flatterie des courtisans n'ont-ils pas été la cause de ces anachronismes révélés chez les auteurs qui donnent à Louis IX le titre de Majesté, lorsqu'on sait qu'il ne fut donné qu'à Louis XII; qui parlent de régiment avant Charles IX, de colonel avant François Ier, qui donnent des armoiries aux rois francs et qui racontent, comme Velly, que Childebert avait des chambellans, et qu'au sacre de Pepin les hérauts d'armes criaient : Largesse du plus puissant des rois...

Nous terminons par citer quelques critiques sur des mots

dits historiques, au risque de redites; car, en fait d'histoire, il n'y a pas de plagiat, on ne peut que répéter ce qui se trouve ailleurs, et dire avec le poëte :

Dis-je quelque chose assez belle,
L'antiquité, tout en émoi,
Répond : Je l'ai dite avant toi.
C'est une plaisante donzelle!
Que ne venait-elle après moi,
J'aurais dit la chose avant elle.

D'autres ont relevé ces erreurs avant nous et en meilleurs termes, mais nous pensons pouvoir les constater une fois de plus, puisque malgré les efforts, la lumière ne se fait pas. Ces mots rien moins qu'historiques, inventés pour le besoin de la cause, nécessaires pour caractériser la personne ou la chose, sont comme des jetons marqués, qui sans valeur par eux-mêmes, ne sont que des objets de convention entre les joueurs (1). Mais il ne faut pas en faire la monnaie courante et officielle, on pourrait encourir le reproche du Misanthrope :

Ce n'est que jeux de mots, qu'affectation pure,
Et ce n'est pas ainsi que parle la nature.

Sans doute un écrivain peut traduire la pensée générale par des mots qui, s'ils n'ont pas été dits, ont été interprétés par l'histoire, qui a pris fait et cause des événements; mais il ne doit point les attribuer à des personnes dont ils ne rendent pas la pensée; telle est la réponse de Melson, secrétaire interprète des langues étrangères (et qui n'en savait pas une seule, nous dit Tallement des Réaux), à la reine, sur

(1) Un ouvrage récent, l'*Esprit de l'histoire,* en donne l'historique.

la demande qu'elle faisait sur ce que disaient les ambassadeurs suisses assistant à son dîner : « Ils disent que vous êtes belle, madame, ou s'ils ne le disent pas, ils le devraient dire. » — Une interprétation pareille est loin d'être *une vérité*, et dans ce cas on peut dire que traduction est trahison, en répétant avec d'Accilly :

> *Alfana* vient *deques*, sans doute,
> Mais il faut l'avouer aussi,
> Qu'en venant de là jusqu'ici,
> Il a bien changé en route.

Reproduisons donc quelques-uns de ces mots, en nous bornant à narrer les critiques qu'ils ont éprouvées.

Durant les premiers temps de notre histoire peu de mots ont été relevés, et encore les considère-t-on comme apocryphes. On a révoqué même le mot de Clovis sur le vase de Soissons, l'allocution de saint Remi à son baptême, la sentence de Clotaire à son lit de mort... — Le fait de l'intervention de Pepin dans le combat des bêtes féroces et son mot rapporté par le moine de Saint-Gall, n'est qu'un anachronisme et une anecdote digne de figurer, au plus, parmi les aventures des paladins de la Table ronde.

Dans les gestes de Philippe-Auguste, on ne trouve rien de cette scène plus ou moins dramatique, dévoilée par Velly et Anquetil, du roi devant l'autel offrant sa couronne à l'armée réunie : « *Si vous jugez qu'il y ait quelqu'un parmi* » *vous qui en soit plus digne que moi, je la lui cède volon-* » *tiers.* » Il n'y a de vrai qu'un bref et simple discours adressé à ses barons et à son armée, au moment d'en venir aux mains, où l'on remarque ces mots : « Le roi Othon et » tous ses gens sont excommuniés,... nous, nous sommes » en paix avec l'Église;... ayons donc courage et confiance » en la miséricorde de Dieu, qui, malgré nos péchés, nous » donnera la victoire sur nos ennemis et les siens. » Le fait est ainsi plus naturel.

Froissard avait simplement écrit, lorsque Philippe VI arriva au château de Broye après la bataille de Crécy : « *Ouvrez, ouvrez, châtelain, c'est l'infortuné roi de France.* » Chateaubriand lui fait répondre : « *Ouvrez, c'est la fortune* » *de la France,* » et il ajoute « parole plus belle que celle de César dans la tempête, confiance magnanime honorable au sujet comme au monarque... » Lorsqu'on fit connaître à Chateaubriand le vrai texte, il répondit que le mot tel qu'il l'avait cité était bien plus beau et qu'il y tenait.

On a expliqué aussi les deux vers qui ont couru le monde depuis que François Ier les avait écrit, disait-on, sur une vitre du château de Chambord :

Souvent femme varie ;
Bien fol est qui s'y fie.

qui se sont réduits à ces simples mots : « *Toute femme varie,* » tracés en grandes lettres au côté d'une fenêtre, ainsi que le rapporte Brantôme. — On a aussi mis à néant cette phrase : « *Madame, tout est perdu, fors l'honneur.* » M. Viennet a pu dire avec raison : Si, comme chevalier, François Ier avait pu l'écrire, comme roi il ne pouvait la dire. La lettre a été conservée ; elle est longue et présente au lieu du laconisme héroïque que l'on a inventé, cette phrase passablement vulgaire : « Pour vous faire assavoir, madame, comme se porte le reste de mon infortune, de toutes choses il m'est demeuré que l'honneur et la vie, qui est saine ; et pour ce que, en votre adversité, cette nouvelle vous sera quelque peu de réconfort, ai prié qu'on me laissât vous écrire cette lettre : ce que l'on m'a aisément accordé... etc... »

Il n'y a pas plus de certitude dans le mot : « *Paris vaut » bien une messe;* » parole imprudente, et, dans la bouche d'un homme aussi rusé que Henri IV, parole peu vraisemblable; mot qui doit être rétabli comme on le trouve dans les caquets de l'accouchée : « Il est vrai, la hart sent toujours le fagot; et comme disait un jour le duc de Rosny au feu roy Henry le Grand, que Dieu absolve, lorsqu'il lui demandait pourquoi il n'allait pas à la messe aussi bien que lui : « Sire, sire, la couronne vaut bien une messe. » On a fait aussi justice du mot : « *Pends-toi, brave Crillon, nous » avons combattu à Arques, et tu n'y étais pas.* » On sait que ce mot : Pends-toi, n'était qu'une simple phrase stéréotypée qu'il employait partout. — Il en est de même du panache blanc et de la poule au pot, du mot : « *Le saut périlleux,* » qui n'ont existé que dans les historiettes et les ana.

Le mot attribué à Richelieu : « *Je couvre tout de ma sou- » tane rouge,* » est-il plus authentique ? — Celui de Mazarin : « *Qu'ils chantent, ils payeront,* » a-t-il été bien rendu?

Quoique souvent employé, le mot attribué à Louis XIV : « *L'Etat, c'est moi!* » a-t-il été réellement prononcé, et ne personnifie-t-il que le caractère du personnage, résumant sa pensée de symboliser la France en lui, pour devenir ce soleil qui rayonnera au milieu d'un ciel sans nuages, et dont l'éclat des rayons ternira les lumières émanées des génies du royaume? — Il en est de même du mot inventé et popularisé par Hénault, à l'ambassadeur d'Angleterre, qui se plaignait en 1714 des travaux qu'on faisait au port de Mardick, en dépit des traités : « Monsieur l'ambassadeur, j'ai toujours été maître chez moi, quelquefois chez les autres, ne m'en faites pas souvenir. » Mais ce n'était plus à cette époque le Louis XIV du XVIIe siècle, ce n'en était pas même l'ombre : il survivait à sa gloire. — Le fameux mot : « *Il n'y a plus de Pyrénées,* » n'est pas davantage de lui. La vérité se trouve dans le journal de Dangeau : « L'ambassadeur d'Espagne dit, fort à propos que ce voyage devenait aisé, et que présentement les Pyrénées étaient fondues. »

Le mot attribué à Louis XV : « *Cela durera autant que moi,* » symbolise parfaitement la position et marche avec les propos débraillés de ses maîtresses et surtout de la Dubarry : « *Bois, la France,* » mais ils n'en sont pas plus authentiques.

Quant à celui du malheureux Louis XVI : « *Il n'y a que moi et M. de Turgot qui aimions le peuple,* » il résume la situation fausse d'un monarque animé de bons sentiments, qui sont annihilés par une cour frivole et peu clairvoyante ; mais en est-il plus vrai ? — Il en fut de même pour beaucoup de mots qu'on lui attribua, et même de ceux relevés à son égard, jusqu'à ce dernier : « *Fils de saint Louis, montez au ciel !* » qui est parfaitement reconnu être un mot prêté et que l'abbé Edgeworth avouait n'avoir jamais prononcé, quoique la pensée, ajoutait-il, en fût certainement dans son cœur.

A côté de ces mots attribués aux souverains, se trouvent ceux attribués aux simples mortels. Sans nous arrêter à ceux ordinaires que chacun peut dire, parce que l'idée y est et qu'à défaut de l'idée on a la mémoire, comme celui de « *Tirez le rideau, la farce est jouée,* » attribué à Rabelais, mais prononcé avant lui par Demonax, par Auguste...; comme celui sur l'interdiction du *Tartufe* : « *M. le président ne veut pas qu'on le joue,* » reconnu par M. Taschereau n'avoir pas été prononcé;... il en est de certains qui, comme celui de Laubardemont : « *Donnez-moi quatre lignes de l'écriture d'un homme, et je trouverai de quoi le faire pendre;* » expression (si elle n'est fausse) d'un bourreau faisant connaître jusqu'où peuvent aller les sicaires du despotisme, sont voués à l'exécration de la postérité ; et il en est d'autres qui, comme celui du chevalier d'Assas, restitué avec raison au sergent Dubois : « *A nous, Auvergne, ce sont les ennemis !* » ont eu beaucoup de retentissement et qui doivent être repétés, quoique ces mots appartiennent plutôt au genre littéraire qu'au genre historique proprement dit.

Nous ne parlerons pas non plus de la fameuse fenêtre qui a été le sujet d'un mouvement oratoire de Mirabeau, fenêtre sur l'emplacement de laquelle on n'est pas d'accord, qui d'ailleurs n'existait plus à l'époque et qu'il aurait été impossible de voir de la salle. Le mot au marquis de

Dreux-Brézé n'est pas plus exact dans sa concision spartiate : il a été arrangé après coup.

Sieyès dans le jugement de Louis XVI n'a jamais prononcé ces mots : « *La mort sans phrase.* » Il donnait pour explication que quelqu'un, à qui on demandait quel avait été son vote, avait répondu : « Il a voté la mort sans phrase ; » voulant dire par là qu'il n'avait pas fait de discours.

La réponse de Bailly à ce misérable qui lui disait : « Bailly, tu trembles ? » est si naturelle qu'il n'est pas impossible qu'elle ait été proférée ; mais l'a-t-elle été ?

Le mot du général Bonaparte en Egypte : « *Du haut de ces pyramides quarante siècles nous contemplent,* » n'a fait que rendre une pensée plus développée, et n'est nullement authentique. Il en est de même d'une foule d'autres. Nous voyons qu'à Sainte-Hélène Napoléon a nié avec force une foule de mots et même de faits qu'on lui avait attribués, depuis sa faction pour la sentinelle endormie à Arcole, jusqu'à la dernière charge à Waterloo.

Clavier n'a pu répondre au premier Consul lorsqu'on prétend qu'il demandait la condamnation de Moreau, promettant de le gracier après : « Eh ! qui nous fera grâce à nous ? » par l'excellente raison qu'il fut un des premiers à le condamner. Peu d'hommes ont la sincérité d'avouer la vérité.

On ne prête qu'aux riches, c'est ainsi que sous la Restauration on a prêté une foule de mots à M. de Talleyrand. qui en puisait. comme personne ne l'ignore, dans *l'Im-*

provisateur français. C'est là sans doute qu'il a pris ce mot : « La parole a été donnée à l'homme pour déguiser sa pensée, » phrase tirée de Voltaire qui l'avait prise d'un vieux fabliau. Néanmoins tout mot bien venu prenait son nom pour enseigne, nous dit M. Edouard Fournier, à qui j'emprunte en ce moment aussi, et ainsi recommandé il faisait son chemin. Tel est le fameux mot du comte d'Artois à sa rentrée en 1814 : « *Il n'y a rien de changé en France, il n'y a qu'un Français de plus,* » qui n'est pas de lui ni du prince, mais fait par M. Beugnot et se trouva être l'expression des idées et des vœux du salon de M. de Talleyrand et de ceux qui voulaient le maintien de leurs titres et de leurs honneurs.

C'est le cas de répéter : « Les passions politiques favorisent en général merveilleusement l'adoption de ces fables ; » témoin la réponse de Cambronne à Waterloo, lorsqu'il fut sommé de se rendre, réponse qui n'exista pas, bien qu'elle fût aussi l'expression de la pensée de toute l'armée, et qui ne se résuma que par une négation énergique. Ainsi serait le mot de Louis XVIII pour le pont d'Iéna, le mot de Napoléon : « *Les blancs seront toujours blancs, les bleus seront toujours bleus;* » le mot sur les émigrés : « *Ils n'ont rien appris, ils n'ont rien oublié,* »... etc... — Il en est de même de ceux qu'on fit naître de la même manière. Quel est en effet, disait-on, l'avocat, sous la Restauration, qui n'est pas plus certain que M. Séguier, que ce magistrat répondit à une demande venant de haut : « *La cour rend des arrêts et non pas des services?* » M. Séguier, en effet, répétait à qui voulait l'entendre qu'il n'avait rien dit de pareil; ni même d'autres mots qu'on lui attribuait aussi.

On fit inaugurer le règne de Charles X par un bon mot : « *Plus de hallebardes*, » qui est de Rougemont, et qui ne signifie rien, pas même la critique d'un règne précédent. Il se termina par celui de M. de Salvandy : « *Nous dansons sur un volcan*, » inventé comme les autres, après la soirée du Palais-Royal. On voulut ouvrir le nouveau régime par « *Une charte sera désormais une vérité* »... « *Voilà la meilleure des républiques*, »... etc...

Enfin combien de jeux de mots reproduits par les petites causeries, qui ne sont que la répétition des ana. Ainsi ce « *Juste ciel*, » exclamation dite à l'occasion de la chute du ciel du lit d'un financier, lorsque le cardinal Dubois avait reçu du Régent ce même témoignage d'intérêt ; ainsi cette expression, attribuée à Royer-Collard dans un moment d'humeur contre Talleyrand : « *C'est la fleur des drôles*, » lorsque ce virulent propos avait servi au prince de Ligne pour caractériser le fameux duc de Richelieu... Il est vrai de dire que les mots naissent des choses et que les mêmes choses produisent les mêmes mots. Les mots naissent sous la plume de l'écrivain qui les transmet de la meilleure foi du monde, tant il est vrai de dire que créer c'est se souvenir; néanmoins ces mots n'en sont pas moins des réminiscences. — Est-ce bien aussi au prince de Talleyrand à l'agonie et se lamentent de souffrir comme un damné, que le roi Louis-Philippe aurait lancé le mot cruel « *déjà!* » N'est-ce pas plutôt la réponse dn médecin Bouvard à l'abbé Terray, ou même le cardinal Dubois qui l'aurait reçue à brûle-pourpoint de la bouche du Régent, à qui l'on attribue aussi cette expression peu charitable : « *Morte la bête, morte le venin.* » — Enfin ne pourrait-on pas restituer à d'Aubigné d'après J.-B. Rousseau, d'autres disent à Pascal et même à Pasquier, la fameuse définition du jésuitisme que M. Dupin aîné, alors avocat, prononça dans le procès de tendance en 1825 : « *C'est une épée dont la poignée est à Rome et la pointe partout.* »

Je finis... Je n'aurai pas la prétention insensée, qu'on ne saurait admettre, de vouloir seul trancher les difficultés, résoudre les questions;... mais, par ce simple exposé, nous voyons comment, par suite de la critique historique, nous sommes loin de l'histoire conventionnelle, et combien il faut modifier ces notions que l'usage a consacrées. — L'histoire est un miroir sur lequel nul n'a le droit de jeter un voile, quelque orné qu'il soit; pour l'écrivain, il doit rendre les époques, non d'après les historiens, mais d'après les annalistes (1)... Mais...

Qui ne sut se borner ne sut jamais écrire.

a dit un critique, et la sagesse des nations a ajouté : « Qui veut trop prouver ne prouve rien... » Arrêtons-nous donc. La retraite à propos est un devoir de premier ordre, il ne

(1) On sait que M. Thiers, dans un ouvrage célèbre, a dit que l'historien devait s'attacher aux choses, uniquement à elles, s'appliquer d'abord à les bien comprendre, puis à les saisir dans leur variété infinie, et à pénétrer l'enchaînement mystérieux et profond suivant lequel elles se sont produites; les exposer enfin dans un langage sérieux comme elles, c'est-à-dire, simple, car il n'y a de sérieux que ce qui est simple, etc....

faut pas attendre qu'on nous l'impose. En se taisant à propos on épargne au lecteur une lassitude et à l'auditeur un ennui.

Luzarches (Seine-et-Oise), avril 1861.

N. B. — L'extrait de ce mémoire a été lu dans la séance publique de l'Institut historique, le 12 mai 1861, et imprimé dans la livraison 318 de l'*Investigateur* du même mois. —